AF245808

INSTITUTIONS

DU

DROIT MAHOMÉTAN

RELATIVES A LA GUERRE SAINTE.

INSTITUTIONS

DU

DROIT MAHOMÉTAN

RELATIVES

A LA GUERRE SAINTE.

DISSERTATION DE HADRIEN RELAND, TRADUITE
DU LATIN EN FRANÇAIS.
PAR CH. SOLVET, MAGISTRAT.

ALGER,
IMPRIMERIE DU GOUVERNEMENT.
*
1838.

AVERTISSEMENT.

LE petit traité que l'on va lire est tout simplement, comme l'indique le titre, la traduction d'une dissertation latine bien connue des Orientalistes et dans laquelle se trouvent réunies avec une grande concision et une admirable netteté les principales institutions militaires des Musulmans relatives à la guerre sainte (1).

L'auteur, Hadrien Reland, savant hollandais du dernier siècle explique ainsi dans un chapitre préliminaire le motif et le but de son travail :

« Je me suis proposé d'exposer dans cette dissertation le
» droit que les Musulmans se croient obligés d'observer lors-
» qu'ils font la guerre avec les Chrétiens et les autres ennemis
» de leur religion. Le sujet me plaît d'autant plus que jus-
» qu'à présent l'Europe chrétienne n'a vû paraître que très-
» peu d'écrits sur cette matière, si toutefois elle en a vû
» paraître et que je le crois pourtant susceptible d'utilité et
» d'intérêt pour le lecteur. En effet, outre qu'il peut être
» agréable de comparer ces institutions du droit musulman
» soit avec le droit des Romains, soit avec celui d'autres
» peuples, très-souvent encore l'Europe chrétienne se trouve
» engagée avec la Turquie dans des guerres qu'elle ne saurait
» long-tems éviter, puisque les Turcs ne concluent jamais
» de traités de paix solides et perpétuels avec les Chrétiens et

(1) Cette dissertation est intitulée : *Dissertatio de jure militari Mohammedanorum contra Christianos bellum gerentium*. Elle est insérée au 3ᵉ vol. des *Dissertationes miscellaneæ* de Hadrien Reland, ouvrage imprimé à Utrecht en 1708.

» qu'ils ne leur accordent que des suspensions d'armes qui
» bien loin de mériter le nom de paix ne sont en réalité que
» des armistices afin d'avoir le tems de se préparer à une
» guerre future. Nous-mêmes quoique séparés d'un ennemi
» si puissant et si irréconciliable par la vaste étendue de
» l'Empire germanique, quelquefois aussi, nous nous trou-
» vons forcés pour la défense de nos colonies, de combattre
» des peuples qui professent la religion musulmane (1). Mais
» ce qui a contribué plus que toute autre chose à me faire
» traiter ce sujet, c'est que le hasard m'ayant mis dernière-
» ment en possession d'un manuscript oriental, j'y ai trouvé
» rangé dans un ordre si méthodique les principales règles de
» la matière, toutes extraites des ouvrages d'un très-grand
» nombre d'auteurs et développées selon l'esprit des docteurs
» Musulmans, Indiens et Persans, que je n'ai pû me résoudre
» à les laisser plus long-tems ignorées et à refuser cette partie
» du droit Mahométan au monde littéraire. »

Les motifs qui excitaient autrefois l'auteur à entreprendre
son travail sont encore à peu près ceux que je pourrais invo-
quer moi-même aujourd'hui pour justifier ma traduction : je
me bornerai donc à ajouter seulement quelques mots.

Quand j'ai publié, il y a déjà plusieurs années les *Instituts
du Droit mahométan sur la guerre avec les Infidèles*, traduction d'un texte arabe de *Codouri* donné par M. Rosen-
müller dans ses *Analecta arabica* j'avais eu l'occasion d'ap-
précier l'exactitude et le mérite de la dissertation de Reland,
mérite d'ailleurs reconnu par tous ceux qui se sont occupés
de pareilles matières (2) : aussi avais-je conçu dès-lors le

----

(1) L'auteur était hollandais et l'on sait que les Hollandais ont
eu à combattre des peuples musulmans tels que les Indiens et les
Persans.

(2) Je me contenterai de citer le savant auteur de la version
anglaise du Koran, le dr Sale : *The laws of war*, dit-il, *according
to the Mohammedans have been already so exactly set down by the
learned Reland that I need say very little of them.* Disc. prélim. Sect. vi.

projet de l'exhumer pour ainsi dire du recueil assez rare où elle est enfouie au milieu d'autres dissertations savantes et de la traduire en y faisant quelques coupures indispensables pour la débarrasser surtout des textes et des caractères arabes qui lui donnaient une physionomie trop scientifique; mais des occupations plus sérieuses et d'un autre genre m'avaient fait perdre ce projet de vue. Jeté plus tard par les circonstances sur une terre musulmane, autant porté par goût, qu'obligé par devoir d'étudier les mœurs, les usages, les lois des peuples arabes, la dissertation de Reland sur les institutions militaires des Musulmans m'est revenue naturellement en mémoire et j'ai cru rendre service en consacrant quelques heures de loisir à en faire la traduction. Il m'a semblé qu'elle emprunterait encore un plus grand intérêt de notre situation particulière en Afrique et des hostilités toujours renouvelées dont nous sommes acteurs et témoins; qu'elle pourrait détruire beaucoup d'idées erronées; enfin qu'elle contribuerait à faire mieux comprendre les préjugés et le génie des peuples que nous avons à combattre. En effet, s'il est vrai que le tableau des Institutions militaires des Musulmans que Reland nous a exposé se rapporte principalement dans son ensemble aux époques glorieuses de l'Islamisme; s'il est vrai que quelques unes de ces institutions sont oubliées des Musulmans de l'Afrique, ou plutôt des Musulmans de cette partie de l'Afrique que nous habitons, depuis si long-tems livrée à la barbarie et à l'ignorance, au moins sera-t'on forcé d'avouer que la plupart sont encore suivies par instinct, en quelque sorte, et par tradition, tant le Koran et les lois qui en dérivent ont jeté de profondes racines chez tous les peuples qui ont embrassé la doctrine de Mahomet.

Cн. SOLVET.

Alger, le 14 décembre 1837.

INSTITUTIONS

DU

DROIT MAHOMÉTAN

RELATIVES

A LA GUERRE SAINTE.

L'espèce de guerre appelée en arabe *Djihád* est, selon la définition des Musulmans, l'action de combattre pour la cause de la religion les hommes soit étrangers, soit opposés par principes de conscience à la foi musulmane; ou en d'autres termes, l'action de se dévouer corps et biens à la défaite des impies et des rebelles, comme à l'affermissement et à la propagation de l'Islamisme.

Pour bien comprendre ce que c'est que la guerre sainte, il faut d'abord savoir que lorsque Mahomet âgé déjà de quarante ans, commença à se donner pour prophète et apôtre de Dieu, il défendit de faire la guerre, bien loin de l'ordonner comme un devoir de religion, de telle sorte que lui-même prêchant qu'il fallait supporter patiemment les injures, aima mieux fuir que de résister à ses ennemis; mais ensuite ses ressources et sa puissance s'étant accrues, Dieu lui révéla, à ce qu'il prétendit, que lui et les siens pouvaient légitimement se défendre contre les impies; devenu plus fort encore, il décida bientôt qu'il était licite d'attaquer et de combattre ses ennemis en tout tems, excepté néanmoins pendant quatre mois de l'année, le premier, le septième et les deux derniers appelés à cause de cela *haram sacrés* (1). Enfin il en vint au point de permettre de faire la guerre même pendant les mois qu'il avait d'abord exceptés, à tous ceux qui ne reconnaî-

(1) Koran. Sur. IX. V. 6, 37. Édit. de Hinckelmann.

traient pas la sainteté de ces mois, c'est-à-dire, aux Chrétiens et aux autres peuples non musulmans.

On lit dans le *Koran* ainsi que dans les *Hadith* ou traditions des dires et gestes de Mahomet et des douze pontifes ou successeurs du Prophète que de tous les Croyans les Persans seuls ont en grande vénération et qu'ils appellent *Imams* c'est-à-dire, pontifes ou princes, on lit, disons-nous, une infinité de passages qui recommandent de faire la guerre aux Infidèles. (Qu'il nous soit permis de désigner ainsi ceux qui ne professent pas la religion musulmane.) Il y est dit qu'il n'y a pas d'action plus belle au monde que de prendre les armes pour marcher à cette guerre; que ceux qui trouvent la mort en combattant, tombent comme des martyrs dans le sentier de Dieu; que le glaive est la clef du ciel et de l'enfer ; que rien n'est plus agréable à Dieu que la moindre goutte de sang répandue pour la cause de la religion et que la défense des frontières pendant une seule nuit est plus méritoire qu'un jeûne de deux mois. C'est à cela que se rapportent ces paroles de Mahomet : « Dieu ne permet pas au feu de l'Enfer de brûler » celui dont les pieds se sont couverts de poussière dans le » sentier de Dieu ; » et ces autres paroles : « Ne dites pas que » ceux qui ont été tués dans le sentier de Dieu sont morts; » dites, au contraire, qu'ils sont vivans ! » (1) et enfin toute la dixième surate du Koran, ainsi qu'une multitude de sentences éparses dans le même livre. C'est encore à cela que se rapporte le passage suivant de Busbecq dans la troisième de ses lettres sur son ambassade en Turquie :

« Les Turcs sont persuadés que les âmes des hommes cou » rageux tués à la guerre sont celles qui montent au Ciel es » cortées de plus de mérites et même les jeunes filles adressent » chaque jour à Dieu des prières et des vœux pour leur » salut. » (2)

Jadis le droit canonique a consacré en Europe la même doctrine afin sans doute qu'à cet égard la condition des Chrétiens ne soit pas inférieure à celle des Musulmans. En effet, le pape Nicolas écrivant à l'armée des Français place parmi les bienheureux les soldats tués à la guerre contre les mécréans.

(1) Koran, Sur. 11 V. 149.

(2) Habent hoc in opinione Turcœ, ut nullorum animas majore compendio in cœlum evolare credant, quam virorum fortium qui in bello ceciderunt, pro quorum etiam incolumitate virgines quotidie ad Deum preces et vota faciunt. Édit. Elzévir de 1633 p. 251.

« Nous avons voulu, » dit-il, « connaître la charité de vous
» tous, d'autant plus que quiconque mourra dans cette guerre
» en combattant pour la foi, ce que nous sommes bien loin
» de souhaiter, entrera sûrement dans le royaume céleste. » (1)
Et Léon iv dit encore dans une autre occasion : « Employez-
» vous de toutes vos forces, sans crainte et sans faiblesse con-
» tre les ennemis de la sainte foi et les adversaires de toutes
» les religions, car si quelqu'un de vous vient à succomber,
» le Tout-Puissant saura qu'il est mort pour la vérité de la
» foi, le salut de la patrie, la défense des Chrétiens et il lui
» accordera les récompenses célestes. » (2)

Lorsque les Infidèles envahissent le territoire musulman
ou font marcher une armée sur ses frontières, chacun est tenu de repousser l'ennemi de tout son pouvoir. Si les circonstances permettent de se préparer à la guerre et de rassembler
une armée, aucun Musulman n'est exempts de prêter son secours, qu'il soit riche ou pauvre, libre ou esclave. Les femmes elles-mêmes n'en sont pas affranchies, pourvu qu'elles
aient assez de force physique : et ce devoir doit-être accompli
lors même que les maîtres n'en auraient pas donné la permission à leurs esclaves, les maris à leurs femmes, les créan-
ciers à leurs débiteurs, les parens à leurs enfans ; lors même
que l'*Imam* ne l'aurait point ordonné.

Imam veut dire proprement pontife ou prince, et dans
tout le cours de cet écrit, nous employons le mot *prince* pour
désigner le même personnage que les Musulmans appellent
Imam. Ils entendent par cette expression, celui qui commande au corps de la nation avec une autorité souveraine,
tant sous le rapport religieux, que sous le rapport civil,
comme par exemple le Sultan des Turcs, le Shah de Perse, etc.
En effet chez les Musulmans, les pouvoirs religieux et civils
se réunissent dans la même personne ; aussi ces peuples ont-

(1) Omnium vestrûm nosse volumus charitatem quoniam quis-
quis, quod non optantes dicimus, in hoc belli certamine fideliter
mortuus fuerit regna illi cœlestia minime negabuntur. C. omnium
23. Quæst. 5.

(2) Omni timore ac terrore deposito contra inimicos sanctæ fidei
et adversarios omnium religionum agere utiliter studete. Novit
enim Omnipotens si quilibet vestrum morietur, quod pro veritate
fidei et salvatione patriæ ac defensione Christianorum mortuus est,
et ideo ab eo præmium cœleste consequetur. C. omnium 23.
Quæst. 8.

ils coutume de dire que la mission de leur prophète Mahomet fut semblable à celle de Moïse qui, législateur souverain des Israélites, régla tout à la fois les choses divines et humaines, et non à la mission de Jésus qui confessa que son royaume n'était pas de ce monde.

Pour en revenir à notre sujet ; si les circonstances ne permettent pas de se préparer à la guerre, et qu'un seul Infidèle ou plusieurs attaquent un Musulman, ou ce dernier sait qu'aussitôt pris, il sera certainement mis à mort, ou il l'ignore. Dans le premier cas il doit se défendre de toutes ses forces et il n'importe qu'il soit libre ou esclave, homme ou femme, sain ou malade, aveugle ou mutilé. Les enfans, les idiots et les fous furieux sont les seuls en faveur desquels l'obligation n'existe pas. Dans le second cas, au contraire, il peut se rendre à l'ennemi. Quant à la femme, si elle sait qu'il lui sera fait violence dès qu'elle sera prisonnière, elle doit se défendre, même jusqu'à la mort, parcequ'il ne lui est pas permis de conserver la vie aux dépens de l'honneur.

Quiconque se trouve à la distance de moins de seize milles (le mille comprenant douze mille pas) de la ville attaquée ou du pays envahi, est soumis aux mêmes obligations que l'habitant de cette ville ou de ce pays. A l'égard de celui qui se trouve à la distance de seize milles, il est bien tenu aussi de se transporter sans délai sur le lieu du théâtre de la guerre pour repousser l'ennemi ; mais l'obligation n'est pas absolue quand les habitans de ce lieu sont assez forts pour résister seuls ou quand il s'y trouve des troupes musulmanes rassemblées en assez grand nombre.

Si les Infidèles viennent camper dans des lieux abandonnés, incultes, ou sur des montagnes, loin des places fortifiées sur les frontières mahométanes, il suffit que ces lieux et ces montagnes appartiennent à des Musulmans pour que les Infidèles soient censés camper sur les frontières elles-mêmes.

Si l'ennemi avait pris un ou plusieurs Musulmans et que quelqu'un eut l'espoir fondé de les délivrer en se hâtant de se mettre à la poursuite des ravisseurs, il serait tenu de le faire. Que si ces prisonniers étaient déjà à une certaine distance sur le territoire ennemi, et qu'il n'y eut aucune chance de les arracher à la captivité, alors l'obligation cesserait.

Lorsque les Musulmans portent la guerre chez les autres peuples dans le but de propager leur religion, tout individu, indistinctement, n'est pas tenu de marcher à cette guerre comme lorsqu'il s'agit de la défense du territoire. Il faut alors seulement que l'armée d'invasion soit assez nombreuse et assez forte pour pouvoir vaincre l'ennemi. Toutefois, vous êtes obligé de prendre les armes, si l'*Imam* vous en a particulièrement donné l'ordre; si vous vous y êtes engagé par un vœu formel; si enfin vous vous trouvez sur le lieu même que les deux armées ont choisi soit pour camper, soit pour livrer bataille, surtout lorsque les Musulmans sont inférieurs en nombre à leurs ennemis.

Une fois au moins chaque année, une expédition doit être dirigée contre les Infidèles, et de puissantes raisons, telles que le défaut de soldats, de vivres, de fourrages peuvent seules dispenser de ce devoir. C'est ainsi à peu près que chez les Athéniens les Stratéges étaient obligés de faire marcher deux fois par an une armée contre les habitans de Mégare pour ravager leur territoire, et suivant ce que rapporte Plutarque dans la vie de Périclès, ces officiers en faisaient le serment solennel lors de leur entrée en fonctions.

Avant de partir pour une semblable expédition, le prince ou celui qu'il se substitue, car cela est indifférent, doit pourvoir les places frontières des troupes et des munitions de guerre et de bouche nécessaires, réparer leurs fossés et leurs murailles, et nommer dans chaque province un gouverneur ou *Emir* pour commander les forces militaires et veiller à ce que la chose publique ne souffre aucun dommage.

Pour avoir la capacité de porter les armes, il faut :

1° Être du sexe masculin. Les femmes et les hermaphrodites ne vont pas à la guerre. Cependant le Prince peut permettre aux femmes de suivre l'armée, soit pour porter de l'eau, soit pour avoir soin des malades, soit pour rendre d'autres services de ce genre.

2° Être en âge de puberté.

3° Être sain d'esprit.

4° Être de condition libre. L'esclave, en effet, n'est pas tenu de combattre et le principe est général, soit qu'il s'agisse, ou de l'esclave proprement dit; ou de l'esclave *Modabbir*, celui à qui la liberté est promise après la mort de son maître; ou de l'esclave *Mokâtib*, celui à qui la liberté est acquise après le paiement d'un certain prix convenu, lors même qu'il aurait déjà acquitté la majeure partie de ce prix; ou enfin de l'affranchi imparfait, c'est-à-dire, celui qui est en partie esclave et en partie libre. A quelque classe qu'il appartienne, l'homme qui se trouve dans les liens de l'esclavage, n'est pas tenu de porter les armes, quand même son maître lui en donnerait l'ordre; mais le maître allant à la guerre, peut emmener son esclave pour le servir. Néanmoins dans ce cas, celui-ci n'est jamais obligé de défendre les jours de son maître au péril de sa vie.

Malgré ce que nous venons de dire, l'esclavage ne forme pas un empêchement absolu ; car les Persans permettent à leurs *Imams* ou princes de faire marcher les esclaves à la guerre lorsque les maîtres y consentent.

Pour être capable de porter les armes, il faut encore :

5° Ne pas avoir atteint l'âge de la vieillesse.

6° Ne point être inhabile aux travaux et aux fatigues de la guerre.

7° N'être ni aveugle, ni boiteux, de telle sorte qu'on ne puisse ni marcher à pied, ni monter à cheval.

8° N'être ni malade, ni mutilé, ni manchot. Le mal de dents et les fièvres légéres ne sont pas regardés comme des maladies et ne servent pas d'excuse. Si quelqu'un pour ces simples incommodités voulait s'exempter du devoir de porter les armes et qu'il eut d'ailleurs le moyen de se faire remplacer, des docteurs pensent qu'il le pourrait, mais d'autres sont d'un avis contraire.

9° Il faut de plus avoir assez d'aisance, et pour se procurer à ses propres frais les armes ainsi que les autres choses nécessaires à la guerre, et pour fournir en son absence à l'entretien de sa famille.

10° Être en état de se pourvoir d'un cheval, sans quoi l'on n'est pas tenu d'aller à la guerre, quelle que soit la distance qui sépare de l'ennemi. Néanmoins des docteurs pensent que la nécessité de pouvoir se procurer un cheval n'a lieu que dans le cas où l'on doit se transporter à une distance de huit milles. Si quelqu'un fournissait libéralement à l'entretien d'un Musulman, de manière que ses dons fussent suffisans pour soutenir la famille, et que de plus il lui donnât un cheval, ce musulman serait obligé de porter les armes.

11° Il faut être libre de tout engagement pécuniaire. Le musulman qui veut se mettre en campagne ne doit pas partir chargé d'une dette exigible, si pouvant d'ailleurs se libérer, son créancier exige le paiement. En effet le débiteur ne peut aller à la guerre qu'autant qu'il a satisfait son créancier, soit en acquittant sa dette, soit en donnant un gage, soit de toute autre manière. Cependant, si nonobstant l'opposition du créancier le prince ordonnait au débiteur de suivre l'armée, le créancier n'aurait plus le droit de mettre obstacle à son départ. Toutefois il est d'usage de ne pas trop exposer au danger un débiteur dans cette situation et de ne pas l'envoyer à une mort certaine, de peur que le créancier n'éprouve un dommage personnel. Mais si au moment du départ d'un débiteur pour la guerre, le terme fixé pour le paiement de la dette n'était pas encore échu, ou si ce terme étant échu le débiteur n'était pas en état de faire honneur à son engagement, on n'est pas d'accord sur la question de savoir si le créancier pourrait s'opposer au départ de ce débiteur.

12° Enfin il faut aux enfans le consentement des parens à moins que malgré l'opposition de ces derniers, le prince ne leur ordonne de partir.

Lorsqu'il n'existe aucune des causes d'empêchement que nous venons d'énumérer, on est tenu ou d'aller à la guerre, ou de se faire remplacer, à moins que l'on ne reçoive l'ordre du prince de marcher en personne.

Si l'armée étant en campagne, on vient à tomber malade, l'on est toujours libre de retourner chez soi, même quand l'ennemi est en présence. Mais s'il s'agissait d'abandonner l'armée pour quelqu'autre motif, comme par exemple si un esclave envoyé par son maître a la guerre, puis ensuite rappelé, voulait obéir à l'ordre qui lui est donné, il le pourrait dans le cas où l'armée n'aurait pas encore joint l'ennemi et ne le pourrait pas dans le cas contraire.

On distingue trois classes d'hommes auxquels les Musulmans sont obligés de faire la guerre. La première comprend ceux qui ont apostasié et qui ont levé l'étendart de la rébellion contre le prince. Quant à ces hommes, il faut les combattre jusqu'à ce qu'ils meurent ou qu'ils rentrent dans l'obéissance. Si les combattans ont été mis en fuite et dispersés et qu'il y ait encore d'autres rebelles que ceux qui ont livré le combat, tous les prisonniers faits, soit sur le champ de bataille, soit dans la poursuite, sont incontinent mis à mort. Si au contraire il n'y a pas d'autres rebelles que les combattans, on ne doit alors ni poursuivre ni tuer les fuyards; il suffit aux Croyans d'avoir vaincu et d'être assurés que leurs forces ne sont pas inférieures à celles de l'ennemi. Il n'est pas permis aux Musulmans de s'emparer des femmes, des esclaves ou des biens meubles et immeubles de ces apostats, c'est-à-dire, de ceux qui n'ont pas pris part au combat; car relativement à ce qui appartient aux rebelles en armes, les docteurs sont partagés d'opinion.

La seconde classe d'hommes que les Musulmans doivent combattre se compose des *Harbi*. Ce sont tous ceux qu'il n'est pas possible de tolérer et on les divise en deux cathégories, 1° ceux qui ne rendent pas de culte à Dieu et qui adorent soit les astres, comme le soleil et la lune, soit des idoles;

2° ceux qui ne reconnaissent aucune divinité, par conséquent les athées. Tant qu'il existe un prince à la tête des Croyans, il doit combattre les hommes composant ces deux cathégories jusqu'à ce qu'ils se convertissent à la foi musulmane, et il n'est pas permis ni de les laisser en repos, ni d'accepter de leur part le *Djizia* ou tribut prix de la liberté de conscience.

Si un *Harbi* avait demeuré quelque tems sur le territoire musulman, dans l'ignorance où l'on était de sa véritable condition, il ne devrait pas payer le tribut, puisqu'il est interdit de le recevoir des mains d'un pareil homme, mais il devrait au maître de la maison qu'il aurait occupée le prix de sa jouissance, et il serait permis ou de le tuer ou de le réduire en servitude ou de le chasser du territoire.

La troisième classe enfin des hommes auxquels les Musulmans sont obligés de faire la guerre comprend les peuples qui possédant un livre ou loi écrite qu'ils tiennent pour révélée, en font la règle de leur foi et de leur culte. Ceux-là s'appellent dans la langue du Koran : *Ahlou'l kitâbi, peuples du livre*. Tels sont : les Juifs, sectateurs de la loi de Moïse, les Chrétiens qui reconnaissent l'Evangile et parmi les Persans ceux qui ont en vénération le *Zendavesta* ou livre de Zoroastre. Tous ces peuples, les Musulmans doivent les combattre jusqu'à ce qu'ils embrassent l'Islamisme, ou qu'ils consentent à payer tribut pour obtenir la liberté de conscience.

Les Juifs, les Chrétiens et les Parsis (1) sont particulièrement ceux auxquels s'applique l'expression de *peuples du livre;* mais parmi les Arabes et même parmi les Musulmans, il ne manqua pas cependant d'imposteurs qui cherchèrent à fonder une nouvelle religion ou une hérésie, sur un livre, à l'exemple de Mahomet. Le plus célèbre de ces imposteurs fut un certain *Moséiléma* qui du vivant même du Prophète opposa au Koran un ouvrage de sa composition. Bientôt il réussit à attirer à lui tant de prosélites qu'il sembla un instant assez fort pour balancer la fortune de Mahomet et malgré de nombreuses défaites, sa secte parvint à se soutenir jusqu'aux tems du kalife Omar. *Abou'lfaradj* nous a conservé un passage du Koran de Moséiléma (2), et il existe encore plusieurs fragmens du même livre dans divers manuscripts.

(1) On appelle encore les sectateurs du culte de Zoroastre *Guèbres* et *Gaures*.

(1) Hist. Dynast. p. 164.

La secte des *Karmates* qui parut dans l'Empire musulman vers l'an 890 de notre ère et qui sappait les fondemens même de l'Islamisme en permettant l'usage du vin, en ordonnant cinquante prières par jour au lieu de cinq, en réduisant les jours de jeûne à deux par année, en établissant enfin plusieurs préceptes directement contraires aux principes de la religion musulmane, la secte des *Karmates*, disons-nous, se vantait de posséder un livre semblable au Koran. *Abou'lfaradj* nous a encore transmis un fragment de ce livre où l'on trouve la fameuse formule : *Au nom de Dieu clément et miséricordieux*, ainsi que d'autres imitations du style du Koran. (1) Il est même étonnant que l'on n'ait pas vû dans l'Arabie et les pays voisins plus d'imposteurs s'étudier à forger des contrefaçons du Koran afin de montrer la fausseté de ce livre, surtout après que Mahomet y eut en quelque sorte provoqué en défiant ceux qui doutaient de l'origine divine de son œuvre, de produire un seul chapitre capable de lui être comparé (2) : chose que tous les Musulmans croient impossible. Mais comme la puissance de Mahomet et de ses prosélytes croissait de jour en jour, beaucoup n'osèrent sans doute opposer leur plume au glaive, persuadés qu'il était difficile d'écrire contre ceux qui pouvaient proscrire, et en effet cela n'a jamais été prudent dans aucun pays.

Nous énumérerons ici, en passant, les conditions auxquelles il est permis aux Chrétiens d'habiter le territoire musulman(3) :

D'abord il faut remarquer qu'il n'appartient qu'au Prince ou à son lieutenant de leur donner la permission de s'y établir avec leurs femmes et leurs enfans impubères (4).

Ensuite ils sont obligés :

1° De payer chaque année le *Djizia* ou tribut qui varie au gré du Prince, mais qui ne doit jamais être au-dessous d'un *dinár* pièce d'or du poids de soixante-douze grains d'orge (5).

(1) *Ibid* p. 275.

(2) Koran. Sur. III V. 21 et passim.

(3) Les Juifs et les Parsis peuvent obtenir la permission d'habiter le territoire musulman aux mêmes conditions que les Chrétiens, mais cette permission n'est accordée à aucun autre peuple infidèle.

(4) Ceux-ci devenus adultes sont tenus d'acquitter pour eux-mêmes le tribut auquel on va voir que le père de famille est assujéti ou de sortir du territoire.

(5) A Alger, le *dinár* dont il est parlé dans les anciens actes est évalué à trois boudjoux ou neuf pataques-chiques monnaie du pays et à cinq francs quarante centimes . monnaie de France.

On peut exiger davantage, mais si le Chrétien riche ou pauvre refuse obstinément de donner plus d'un *dinâr*, les Musulmans sont tenus de le laisser à ce prix vivre en paix sur leur territoire. Cependant les docteurs recommandent de ne pas avertir les Chrétiens que le paiement d'un seul *dinar* par année est un tribut suffisant, parceque alors, disent-ils, ils ne voudraient donner que ce qui est rigoureusement exigible; et aujourd'hui les Musulmans extorquent souvent aux Chrétiens trois *dinârs* et plus. Toutefois si après être convenu d'acquitter annuellement un tribut de trois *dinârs*, le Chrétien vient à apprendre qu'il ne pouvait être contraint à en payer plus d'un, il est obligé malgré cela d'exécuter la convention.

2° De ne fonder ni églises, ni établissemens religieux, ni monastères, dans les villes bâties par les Musulmans, comme Bagdad, Coufa, Bassora, etc.

3° De ne pas élever leurs maisons à une hauteur égale ou supérieure à la hauteur des maisons voisines habitées par des Musulmans.

4° De ne pas monter de chevaux. Il est permis de monter des mulets et des ânes, mais seulement en s'asseyant sur la selle à la manière des femmes. L'ordonnance concernant cette prohibition est du khalife Motewakkel et de l'an 239 de l'hégire (854 de J. C.)

5° De faire place et de céder autant que possible le pas aux Musulmans dans les rues embarrassées par la foule.

6° De porter des vêtemens différens de ceux des Musulmans ou de coudre à l'habit à la hauteur des épaules un *schi'ar*, *un signe*, c'est-à-dire un morceau d'étoffe grise pour les Chrétiens, jaune pour les Juifs, noire ou rouge pour les Parsis; en outre de se ceindre les reins d'une ceinture de cuir (en arabe *zonnâr*) et de se couvrir la tête d'une coiffure particulière. Les femmes doivent aussi se distinguer des Musulmanes par une ceinture de cuir ou un morceau d'étoffe placé d'une manière apparente et par des pantoufles ou des souliers de couleurs diverses, par exemple, un soulier noir et un soulier blanc ou rouge. L'ordonnance relative à ces prescriptions fut rendue par le khalife Motewakkel Billah, fils de Motassem Billah, l'an 235 de l'hégire (850 de J. C.), lorsqu'il disgracia son médecin Baktischoua lequel professait la religion chrétienne. Quelques-uns nient cependant que la disgrâce de ce célèbre médecin ait été la cause de l'ordonnance dont nous parlons, Baktischoua étant resté en faveur jusqu'à l'année 244.

7° De ne porter comme signe distinctif dans les bains fréquentés par les Musulmans que des colliers de fer, d'étain ou de cuivre.

8° De se garder de commettre des péchés énormes, comme de boire du vin, de manger de la chair de porc, de vivre criminellement avec sa mère ou sa fille, de se rendre coupable d'adultère, de vol, etc.

9° De ne point chercher à convertir les Musulmans; de ne point célébrer de fêtes religieuses publiquement; de ne point chanter ou lire à haute voix le texte de l'ancien et du nouveau Testament; enfin de ne point sonner des cloches.

10° De ne point parler avec mépris de Dieu ou de Mahomet.

11° De ne chercher à introduire aucune innovation dans l'État.

12° De ne point entrer sans permission dans les mosquées;

13° De ne point mettre le pied sur le *harâm* ou territoire de la Mecque. Ce territoire s'étend, à partir de la ville de la Mecque considérée comme point central, à trois milles vers Médine (le mille contenant quatre milles pas); à sept milles vers l'Irak; à neuf milles vers Zigrana; à sept milles vers Altaïf et à dix milles vers Djidda, port du golfe Arabique. Il est interdit à quiconque n'est pas Musulman d'entrer sur ce territoire sacré sous aucun prétexte; que ce soit pour faire le commerce, pour voir seulement la Mecque ou pour toute autre cause; et les Musulmans font observer cette interdiction avec tant de scrupule, que si un ambassadeur même de quelque nation infidèle se rendait auprès du Prince, alors sur le territoire de la Mecque, celui-ci devrait envoyer à sa rencontre pour s'informer du motif de son voyage et l'empêcher d'avancer, et si cet ambassadeur ne voulait pas traiter avec le député du Prince et continuait sa marche, le Prince lui-même serait obligé d'aller au-devant de lui.

14° Enfin, de ne point demeurer dans le *Hedjaz*. Le *Hedjaz* est une contrée de l'Arabie dont les principales villes sont la Mecque, Médine et Jemama. Il est permis aux Chrétiens d'y entrer et d'y voyager, car le Hedjaz n'est pas regardé comme aussi saint que le territoire de la Mecque; mais il leur est interdit de l'habiter et d'y séjourner.

Il y a cinq sortes d'actes qu'il faut bien distinguer dans la guerre sainte.

1° Les actes qui de leur nature sont *wadjib*, c'est-à-dire, d'obligation absolue, de telle sorte qu'on ne peut se dispenser de les faire sans pécher.

2° Les actes au contraire qui sont *harâm*, c'est-à-dire, entièrement interdits, de manière que les faire, c'est pêcher.

3° Les actes qui sont *sonna*, c'est-à-dire, non obligatoires, mais cependant bons et méritoires pour celui qui les fait. Il s'agit ici des actes recommandés par la *sonna* ou loi traditionnelle.

4° Les actes qui sont *mekrouh*, c'est-à-dire, qui ne sont nullement interdits, mais dont on fait bien de s'abstenir.

5° Les actes *mobâh*, c'est-à-dire, simplement permis, de manière que celui qui les fait ne mérite ni blâme ni louange.

Les actes d'obligation absolue pour les Musulmans dans la guerre sainte sont :

1° D'inviter les Infidèles, avant de les combattre, à embrasser la foi musulmane ; à confesser l'unité de Dieu ; et à reconnaître la vérité de la doctrine de Mahomet.

Si un Musulman tue un Infidèle avant que ce dernier ait été invité au nom du Prince ou de son lieutenant, à confesser l'Islamisme, il commet un péché ; mais il n'encourt ni la peine du meurtre, ni l'amende, prix du sang versé. Néanmoins une invitation de cette espèce n'est nécessaire qu'autant que les ennemis n'ont jamais entendu parler de Mahomet et de sa doctrine ;

2° De marcher à la guerre sur l'ordre du Prince, lors même qu'il vous commanderait d'aller vous battre en combat singulier ;

3° D'attaquer l'ennemi le plus proche avant l'ennemi le plus éloigné, à moins que le Prince n'ait conclu une trêve avec le premier, ou que l'ennemi le plus éloigné ne soit plus redoutable que l'autre. Quelques docteurs, pourtant, regardent cet article, comme un précepte de la *sonna*, c'est-à-dire, comme une chose bonne en soi, mais non d'obligation étroite ;

4° De s'abstenir de faire la guerre tant qu'on est inférieur en forces à l'ennemi.

Quant à ce qui est absolument interdit, c'est :

1° De combattre pendant les mois de *moharrem*, *redjeb*, *dou'lkaada* et *dou'lhadja* (1) : aussi appelle-t'on ces quatre mois *haram*, *sacrés*. Mais cela ne doit être observé qu'à l'égard des peuples qui reconnaissent eux-mêmes la sainteté de ces mois, comme les Persans, les Turcs, les Indiens et les Tartares musulmans. Ainsi l'on peut faire la guerre, même pendant ces mois aux Chrétiens, aux Juifs et aux Idolâtres.

____

(1) Koran, sur. IX. 2.

2° De se battre avec un ennemi en combat singulier, sans la permission du Prince.

Quelques docteurs considèrent néanmoins cet acte comme étant du genre des actes *mekrouh*, c'est-à-dire, comme une chose dont il est bien de s'abstenir, mais qui n'est pas absolument interdite.

3° De fuir ou de se retirer du champ de bataille, une fois le combat engagé, même lorsque la défaite serait probable, à moins pourtant que l'armée des Musulmans ne soit du double inférieure en nombre à celle des ennemis. Toutefois il est permis de fuir ou de simuler la fuite, soit pour tromper ses adversaires par quelque stratagème, soit pour les attirer sur un champ de bataille plus favorable, soit pour se donner l'avantage du vent, soit pour gagner des lieux arrosés d'eau ou bien quelque hauteur, dans le but ou de se défendre, ou d'attaquer l'ennemi avec plus de succès, ou enfin de se réunir à un autre corps de troupes quelconque fort ou faible, proche ou éloigné. Mais si deux Infidèles attaquent un Musulman, il est permis à celui-ci de fuir devant eux et si lui-même les avait attaqués et que ces Infidèles eussent refusé le combat, il lui serait encore permis de se retirer, parceque la défense de prendre la fuite ou de quitter le lieu du combat ne regarde pas un individu isolé, mais un corps de troupes en général.

4° De tuer les femmes des Infidèles, leurs enfans, les fous et les hermaphrodites, lors même qu'ils viendraient en aide aux combattans. Quelques docteurs pensent néanmoins qu'il est permis de les mettre à mort, quand ils prêtent assistance à l'ennemi, ou que l'on ne peut obtenir autrement la victoire.

5° De tuer les vieillards et les hommes faibles de corps ou d'esprit incapables d'être d'aucun secours à l'ennemi, soit au physique soit au moral. Mais quant aux esclaves des Infidèles, s'ils combattent, on ne doit pas leur faire de quartier;

6° De tuer les Envoyés des Infidèles de quelque rang qu'ils soient;

7° De couper aux ennemis vaincus le nez ou les oreilles;

8° De cacher quelque chose du butin;

9° D'assaillir ou de tuer à l'improviste ceux auxquels le Prince a accordé la vie sauve;

10° D'attaquer les ennemis après la conclusion d'une suspension d'armes (1).

11° Enfin, d'empoisonner les rivières et les fontaines, lorsque l'on peut vaincre par d'autres moyens. Quelques docteurs toutefois regardent cet acte comme une chose *mekrouh,*

(1) Kenz-ul-voux. 4.

3

c'est-à-dire, comme une chose qu'il est bien de ne pas faire, mais dont on n'est pas obligé de s'abstenir. D'autres au contraire sont d'avis que cet acte n'est illicite que lorsque l'on a lieu de penser qu'il se trouve des Musulmans dans les pays occupés par l'ennemi.

Les actes recommandés par la *sonna* ou la tradition, actes bons et méritoires pour celui qui les fait, mais non d'obligation étroite, sont:

1° Que sur le champ de bataille et avant d'en venir aux mains, tous les combattans récitent la prière qu'autrefois, dit-on, Mahomet adressa lui-même à Dieu et dont voici la formule: « ô Dieu! toi qui as fait descendre ton livre des » cieux (le Koran), qui tiens un compte exact des actions des » hommes et qui imprimes le mouvement aux nuées célestes, » mets en fuite les troupes ennemies; ô toi, toi qui consoles » les affligés et qui écoutes les prières des malheureux! ô toi, » qui guéris les plus grands maux, dissipes mon inquiétude! » Tu connais ma situation et celle de mes compagnons, et ton » secours me suffit à moi ainsi qu'à ce peuple qui t'appar- » tient, contre mon ennemi. »

2° Que le Prince exige des siens la promesse de ne point lâcher pied dans le combat et qu'il s'informe avec soin par des éclaireurs de tout ce qui concerne l'ennemi.

3° Qu'il se mette en marche le jeudi avec l'armée rangée en bon ordre et divisée en différens corps, subdivisés eux-mêmes en cohortes, après avoir donné le mot de ralliement pour se reconnaître pendant la nuit.

Mais pourquoi, dira-t'on, se mettre en marche plutôt le jeudi qu'un autre jour? c'est, peut-être, parceque le jeudi s'appelle en arabe *iaum el khamis, le cinquième jour* (de la semaine); or le même mot *khamis* signifie aussi *armée;* une armée chez les Musulmans étant ordinairement composée de cinq parties, l'avant-garde, le corps de bataille, l'arrière-garde et les deux aîles. De la double acception du mot sera venue naturellement l'idée qu'il fallait se mettre en marche le cinquième jour de la semaine ou le jeudi, selon notre manière de compter (1). De même chez les Athéniens, la loi défendait

(1) Quoiqu'il en soit de cette opinion il est certain que les Musulmans ont dans la semaine leurs jours heureux et malheureux et que le jeudi fait partie des premiers. Niebuhr rapporte que les lundi, jeudi et samedi sont regardés en Arabie comme des jours heureux pour se mettre en voyage. V. Descript. de l'Arab. éd. de 1779 t. 1, p. 182. Au reste cette superstition se retrouve dans tous les tems et dans tous les pays.

de faire sortir l'armée avant le septième jour du mois (1), et chez les Lacédémoniens les troupes ne devaient se mettre en campagne qu'avec la pleine lune (2).

4° Que le Prince excite les siens à se comporter en hommes fermes et courageux;

5° Qu'il prenne l'avis de gens prudens et expérimentés à la guerre;

6° Qu'il marche lentement avec l'armée, à moins que la nécessité ne l'exige autrement;

7° Qu'il choisisse, autant que possible pour asseoir son camp des lieux abondamment pourvus d'eau et de fourrage;

8° Que s'il voit une bête de somme trop chargée, il la soulage et fasse porter une partie de son fardeau par une autre;

9° Que s'il en a le choix, il n'engage pas le combat avant le milieu du jour, mais seulement après la prière de midi. En effet, les Musulmans croient qu'à ce moment de la journée s'ouvrent les portes du ciel et que la victoire et la miséricorde en descendent. De plus, comme le soleil est déjà parvenu à la moitié de son cours et que la nuit n'est pas très-éloignée, il se fait une moins grande effusion de sang humain, et si les Musulmans se trouvaient dans la nécessité de fuir, l'obscurité pourrait les aider à pourvoir plus facilement à leur sûreté.

Les actes dont on fait bien de s'abstenir quoiqu'ils ne soient pas défendus positivement sont:

1° De tuer de sa main son père infidèle;

2° D'attaquer l'ennemi, la nuit, sans nécessité;

3° De combattre avant l'heure de midi;

4° De couper le jarret aux bêtes de somme, et cela lors même qu'elles ne pourraient suivre l'armée : dans ce cas il vaut mieux les tuer. Mais il est permis de couper le jarret aux bêtes de somme de ses adversaires;

5° De détenir un ennemi en prison jusqu'à ce qu'il meure de faim. On rapporte que Mahomet n'a fait périr qu'une seule personne par ce genre de mort, un certain *Abka* fils de *Abou Moïed*.

6° De renverser les forteresses et les bâtimens, d'inonder les retranchemens faits de terre et d'argile, de lancer contre l'ennemi des machines incendiaires, de brûler les maisons, et

____

(1) *Apeiréto Athénési steatcïan exagein pro tés tou ménos ebdomés.*
(Hesychius.)

(2) Suidas, in *Ippias.*

enfin d'arracher les arbres particulièrement les palmiers, si l'on peut vaincre par d'autres moyens;

7° De s'avancer hors des rangs, entre les deux armées et d'y combattre sans l'ordre du Prince;

8° De tuer après le combat les bêtes de somme appartenant à l'ennemi; pendant l'action au contraire cela est licite.

Enfin les actes simplement permis, mais que l'on peut ne pas faire, sont:

1° En ce qui concerne le Prince de fournir aux soldats des armes soit des magasins de l'État, soit à ses propres frais;

2° De faire marcher sous les drapeaux musulmans des Infidèles qui vivent sous sa protection en payant un certain tribut;

3° Et en général d'user de tous les moyens propres à assurer la victoire, comme par exemple de renverser les villes et les maisons, de lancer la flamme dans les camps ou sur les bâtimens, d'arracher les arbres, d'empoisonner les eaux, d'inonder le pays, sans avoir nul égard aux femmes, aux enfans, aux marchands et aux captifs musulmans qui peuvent se trouver sur le territoire ennemi.

Ajoutons aux règles que nous venons d'exposer, quelques autres lois militaires que nous rapporterons dans l'ordre qui leur est assigné par les auteurs orientaux.

Si les Infidèles s'avisent de placer des Musulmans sur leur front de bataille pour se faire un rempart de leur corps, on doit épargner ceux-ci, en différant le combat autant que possible. Que si quelqu'un tuait un Musulman dans cette situation, alors son action serait volontaire ou involontaire : dans le premier cas, il serait passible de mort, dans le second, d'une amende pour le rachât du sang. Si pourtant les circonstances ne permettent pas de différer le combat, il faut bien éviter, sans doute, d'atteindre les malheureux ainsi exposés aux premiers coups, mais lorsque malgré toutes les précautions ils sont frappés, le meurtrier n'est passible ni de la mort, ni de l'amende pour le rachât du sang.

Il est permis d'attacher à l'armée des corps auxiliaires composés d'Infidèles, pourvu que ces corps ne soient pas assez forts pour en cas de défection, égaler ou surpasser en nombre les Musulmans.

Quiconque exaltant par ses discours les forces et les succès de l'ennemi, rabaisse au contraire les Musulmans et ébranle le courage des soldats, doit être chassé du camp.

L'espion ennemi n'est pas reçu dans l'enceinte du camp et

s'il combat ensuite pour le parti des Musulmans, il n'en est pas moins privé de la portion due aux combattans et de la part du butin fait sur l'Infidéle tué à la guerre.

Le Musulman qui sans l'ordre du Prince, tue un prisonnier infidèle, doit être puni; cependant il n'encourt pas la mort et il n'est pas obligé non plus de payer l'amende pour le rachât du sang.

Si un Musulman tuait une femme ou un enfant déjà réduits en captivité par les Infidèles, il serait tenu de payer l'amende pour le rachât du sang et de nourrir celui auquel ils auraient appartenu avant leur captivité ou bien de le désintéresser en remboursant leur valeur.

Si un Infidèle en âge de puberté est fait prisonnier et qu'il embrasse ensuite l'Islamisme; on doit lui laisser la vie; néanmoins le Prince peut le garder comme esclave. Mais si cet Infidèle avait invoqué le nom de Mahomet, avant d'être vaincu et fait prisonnier, loin de pouvoir être impunément mis à mort, il conserverait la liberté et la propriété de ses biens : ses enfans participeraient aussi au bénéfice de la liberté; toutefois sa femme faite prisonnière, soit avant, soit après la consommation du mariage, ne jouirait pas du même avantage, car dans ces deux cas les liens du mariage seraient rompus. Du moment que le mari et la femme ou seulement l'un des deux sont faits prisonniers, le mariage est dissous; mais si tous les deux sont réduits en servitude, il conserve toute sa force.

Tout Musulman, pourvu qu'il soit en âge de puberté, sain d'esprit et en pleine liberté d'agir, peut accorder aux Infidèles sûreté et protection pour leur personne. Cette garantie se donne ordinairement en ces termes : *Amantouk* ou *Adjartouk*, ou bien encore : *Enta fi dammati'l Islami*, c'est-à-dire : *Je t'accorde la vie sauve, tu es sous la protection de l'Islamisme.* Toutefois, il est indifférent que l'on s'énonce en arabe ou en persan, que l'on emploie d'autres expressions analogues, comme par exemple : *Tu n'as rien à craindre, je veux que ta personne soit en sûreté;* ou bien que l'on se serve de l'écriture, si l'intention d'accorder la vie sauve ressort évidemment de ce qui est écrit. Au reste il importe peu que la personne à laquelle on a garanti la vie, soit libre ou esclave (même d'un maître infidèle), homme ou femme, vieille, insensée, ou incapable d'administrer ses biens. Mais si un impubère ou un insensé accorde la vie sauve à un Infidèle, (ce qui est irrégulier) et que par suite l'Infidèle vienne sans défiance sur le territoire musulman, on doit le faire sortir et le reconduire à la frontière.

Si un Infidèle de l'espèce des *Harbi*, était entré sans défiance sur le territoire musulman, parcequ'il aurait entendu quelques paroles par lesquelles il pensait qu'on lui accordait sûreté pour sa personne, on ne devrait pas non plus attenter à sa vie, et il faudrait encore seulement le faire reconduire à la frontière, dans des lieux où il n'aurait rien à craindre.

Un Musulman peut garantir la vie à dix ou même selon l'opinion de quelques docteurs à cent Infidèles, lorsque ceux ci réduits à l'extrémité implorent sa miséricorde; mais il ne le peut, à l'universalité des habitans d'un pays, d'une ville ou d'un bourg d'une certaine importance. Le Prince seul a ce droit et si l'on est curieux de connaître la formule des lettres de sûreté accordées en pareille occasion, on peut voir dans l'ouvrage de *Elmacin* la lettre qu'écrivit *Omar* fils de *El-Khattab* aux habitans de Jérusalem après la prise de cette ville, la seizième année de l'hégire, et par laquelle ce khalife leur accorda sûreté et protection, pour eux, pour leurs enfans, pour leurs femmes, pour leurs biens et pour leurs temples. De pareilles lettres s'appellent *Amán* et au Prince seul appartient le pouvoir de garantir ainsi la vie aux Infidèles lorsqu'ils sont déjà sous la puissance des Musulmans.

Quant à la sûreté garantie par les particuliers, il n'importe que cette faveur soit accordée, ou sur le champ de bataille, ou dans la poursuite, ou dans quelque forteresse, pourvu que celui qui en est l'objet ne soit pas déjà au pouvoir des Musulmans. Les esclaves musulmans tombés entre les mains des Infidèles peuvent garantir aussi la vie à ceux-ci, s'ils agissent librement et sans contrainte; il en est de même des marchands qui voyagent pour leur commerce dans les pays étrangers et des mercenaires dont les Infidèles louent les services à prix d'argent, pourvu que la garantie soit donnée sur les terres des Infidèles.

Dès qu'un Musulman a accordé sûreté à un Infidèle, il est tenu de le protéger et d'acquitter sa promesse, à moins que la garantie ne contienne des conditions contraires à la loi divine, c'est-à-dire, au Koran.

Si un Infidèle vient sur le territoire musulman, par exemple, pour faire le commerce, il n'est en sûreté qu'après qu'il lui a été accordé garantie pour sa vie, et il n'est pas permis d'étendre cette garantie au-delà de quatre mois, Si quelqu'un la donnait pour un plus long espace de tems, ce serait nul. Remarquons qu'il n'est pas nécessaire que les Musulmans retirent un grand avantage de pareilles concessions , il faut seulement qu'ils n'en éprouvent aucun dommage, d'où il suit qu'on ne peut jamais garantir la vie sauve aux espions.

Si un *harbi* prétend qu'un Musulman lui a garanti sûreté pour sa vie et que ce Musulman le nie, celui-ci en est cru sur sa parole et même sans serment. Mais si, aussitôt après l'allégation du *harbi*, le Musulman mourrait, la vérité ou la fausseté de l'allégation n'étant pas prouvée, cet *harbi* serait reconduit à la frontière en lieu de sûreté et si ensuite il était repris sur le territoire, on pourrait le mettre à mort.

Si un Infidèle obtient la permission d'habiter les terres musulmanes, il conserve la libre disposition de ses biens qu'il peut vendre ou aliéner comme bon lui semble. De même après sa mort sa succession passe à son héritier; mais à défaut d'héritier, elle revient au Prince. Si cependant ce même Infidèle retournait sur la terre étrangère pour s'y établir, les biens qu'il aurait laissés chez les Musulmans appartiendraient à ceux-ci à titre de butin et en particulier au Prince, à moins que l'Infidèle n'eut un héritier musulman; et si par la suite, étant en pays ennemi, il tombait entre les mains des Musulmans, on pourrait le tuer ou le réduire en servitude et ses biens deviendraient butin ainsi qu'on vient de le dire.

Si un Musulman se trouve sur le territoire des Infidèles et qu'il ne puisse y professer librement sa religion il est tenu de le quitter le plutôt possible, à moins qu'il n'ait l'espoir de convertir les habitans à l'Islamisme.

Si ce même Musulman avait été fait prisonnier par les Infidèles, puis ensuite rendu à la liberté à condition de demeurer sur leur territoire et que d'ailleurs il n'eût rien à craindre pour sa personne, il ne lui serait cependant pas permis d'y rester, et il devrait revenir vers les siens, sans néanmoins rien emporter avec lui de ce qui appartient aux Infidèles. Que s'il était rendu à la liberté sans condition, il lui serait permis de poursuivre et de tuer un Infidèle. Si au contraire il était mis en liberté à condition de payer une rançon, il ne serait pas obligé de la payer.

Si un Infidèle embrasse la foi musulmane, ayant entre les mains une dot à rendre à son épouse, ni l'épouse, ni les héritiers de celle-ci n'ont le droit de l'exiger. Mais si l'épouse était morte avant que le mari eut embrassé l'Islamisme ou si elle-même s'était convertie avant son mari, à la foi musulmane, ses héritiers, pourvu qu'ils fussent musulmans, auraient le droit de réclamer sa dot.

Les prisonniers sont de deux sortes; les hommes et les femmes. Quant à ces dernières, aussitôt qu'elles tombent entre les mains des Musulmans, elles sont esclaves, et il n'est pas besoin qu'elles aient été prises précisément dans le combat. Il en est de même des enfans impubères. Quant aux hommes adultes pris dans la chaleur de l'action, ils doivent tous être tués sur le champ, à moins qu'ils n'embrassent la foi musulmane et le Prince peut à son choix donner l'ordre ou de leur trancher la tête ou de les abandonner à la mort, après leur avoir coupé les pieds et les mains. Mais si aussitôt qu'ils sont pris, ils déclarent embrasser la foi musulmane, ou s'ils ne sont pris qu'après le combat terminé, ils ne sont pas mis à mort et le Prince reste le maître ou de les rendre à la liberté, soit gratuitement, soit à prix d'argent, ou de les échanger contre d'autres prisonniers faits par l'ennemi, ou enfin de les réduire en servitude.

Si un *harbi* se convertit à l'Islamisme sur les terres des Infidèles, il s'assure ainsi et la vie sauve et la propriété de ses biens meubles; mais ses immeubles, comme les terres et les maisons appartiennent dès lors aux Musulmans. Relativement aux enfans en bas âge et au fruit de la femme enceinte prise à la guerre, on les considère comme libres, la femme elle-même demeurant toujours esclave.

Par le mot *butin*, en arabe *ghanima*, on entend tout ce qui tombe entre les mains des Musulmans soit dans l'action, soit dans la poursuite de l'ennemi, soit par le droit de la force et de la victoire. Le butin se divise en trois espèces de choses:

1º Les choses mobilières comme l'or, l'argent, le cuivre, les marchandises, etc.

2º Les choses immobilières comme les terres et les maisons;

3º Les prisonniers, hommes, femmes et enfans.

A la première espèce de choses appartient aussi ce que les Arabes appellent *salb*, *dépouille*, et la dépouille d'un Infidèle revient de droit à celui qui l'a tué, car elle n'est pas partagée entre tous les combattans comme le butin proprement dit.

La dépouille comprend les habits, la coiffure, les bottes, les souliers, les colliers, les bracelets, la bourse, les bagues, l'argent monnoyé (quoique plusieurs auteurs soutiennent que les trois dernières choses n'appartiennent au vainqueur que si le Prince en a ainsi ordonné), les armes, comme la lance, l'épée, le casque, etc. le cheval de guerre avec son armure et son harnois et le cheval de rechange que l'on mène devant le cavalier; mais elle ne comprend pas le cheval qui suit par derrière, le porte-manteau rempli d'effets ou d'argent, lors même qu'il est chargé sur le dos du cheval considéré comme dépouille, enfin l'esclave de l'ennemi.

Ces trois dernières choses font partie de ce qu'on appelle *butin* et sont partagées entre tous les Combattans.

Cinq circonstances doivent nécessairement se réunir pour donner un droit à la dépouille, il faut :

1° Que le vainqueur soit musulman et qu'il n'ait pas empêché un autre Musulman de tuer l'ennemi qu'il a défait. D'où il suit que d'une part, les Chrétiens et les Juifs, et de l'autre, ceux qui par leurs discours empêchent de faire ce que sans cela on aurait pu faire, c'est-à-dire, ceux qui exaltant trop les forces de l'ennemi, abattent le courage des Musulmans, n'ont aucun droit à la dépouille.

Mais le droit de dépouille appartient même aux enfans, aux insensés, aux esclaves, aux femmes et aux marchands ;

2° Que le vaincu soit en âge de puberté, sain d'esprit, de condition libre, et du sexe masculin. Ainsi, par exemple, si un enfant, un insensé, une femme ou un esclave, non combattans, sont tués par un Musulman, le droit à la dépouille n'existe pas au profit de ce dernier ; mais il existe, au contraire, s'ils ont combattu ;

3° Que l'adversaire soit tué ou du moins mis hors de combat, comme lorsqu'il est pris, qu'il a les yeux crevés, qu'il est gravement blessé, qu'il a le pied ou la main coupés. Si plusieurs soldats ensemble ont tué ou blessé un Infidèle, ils partagent entre eux la dépouille ; mais si de deux assaillans, l'un met un ennemi hors de combat et que l'autre le tue, la dépouille appartient au premier ; si au contraire l'un le blesse de manière cependant qu'il puisse encore se défendre et que l'autre le tue, la dépouille appartient au dernier ;

4° Que l'ennemi soit tué dans la chaleur du combat, dans l'action même ; par conséquent si un Musulman tuait un Infidèle dans la poursuite après le combat, il n'aurait pas droit à la dépouille ;

5° Que la défaite et la mort de l'ennemi n'aient pas été sans danger pour le vainqueur ; de sorte que si un Musulman se cachait derrière un mur et qu'il frappât un Infidèle d'un coup de fusil, ou bien s'il tuait un prisonnier, un malade, un homme endormi ou occupé à boire et à manger, il n'aurait aucun droit à la dépouille. Toutefois il n'est pas nécessaire qu'au moment où l'Infidèle est tué, il fasse tête à son adversaire ; car le Musulman peut avoir droit à sa dépouille en le tuant lorsqu'il fuit et qu'il tourne le dos. Il n'est pas nécessaire non plus que le combat ait duré long-tems : En effet

tandis qu'un Musulman et un Infidèle en sont aux mains,
un autre Musulman peut accourir, tuer l'Infidèle et acquérir
ainsi sa dépouille. En outre, il est indifférent que l'ennemi
soit tué dans un combat singulier ou dans la mêlée générale
et au milieu des siens.

Quelques docteurs pensent que l'on n'a droit à la dépouille
de l'ennemi vaincu et mis hors de combat qu'autant que le
Prince y donne son consentement; mais il en est autrement
d'après l'opinion le plus généralement reçue.

Les choses mobilières sont de deux espèces : celles qu'un
Musulman peut posséder et celles qu'il ne peut pas posséder. La totalité des choses mobilières de la première espèce,
moins toutefois le *cinquième* et quelques autres choses dont
nous parlerons bientôt, appartient à tous ceux qui ont combattu pour la cause de la religion; mais personne ne peut se
rien approprier avant un partage régulier. Des docteurs cependant, ne veulent pas étendre cette défense à l'orge par
exemple et à d'autres choses de même nature susceptibles de
se perdre si l'on n'en fait promptement usage. Il est aussi permis
de consommer les comestibles comme la viande, la graisse, les
fruits, le miel, le sirop de raisin, etc. hormis néanmoins le sucre. On
peut même tuer un animal bon à manger, mais il faut en rendre
la peau, à moins qu'elle ne soit elle-même un aliment. Si l'on a fait
de cette peau soit un bonnet, soit des souliers, soit des lanières,
on est tenu de rapporter ces objets à la masse du butin et
loin d'avoir le droit de rien exiger pour la main d'œuvre,
on doit au contraire payer, suivant estimation, pour ce qui
peut manquer par suite de la coupe et de la façon. A l'exception des objets que nous venons d'indiquer, il n'est permis
à personne de s'attribuer l'usage ou la jouissance d'aucune
chose faisant partie du butin. Si l'on se sert, par exemple
d'un cheval et qu'on le monte, on est obligé de payer un certain prix pour le loyer. Si l'on a perdu quelque objet, on
doit en restituer la valeur. Cependant on peut se servir des
vêtemens quand on en manque, mais toutefois avec l'agrément du Prince. On peut aussi se servir des armes, si l'on en a
besoin pour combattre; mais à condition que le combat terminé on les rapportera à la masse du butin.

Les choses mobilières qu'un Musulman ne peut posséder,
ne font pas partie du butin et ce sont, par exemple, le vin,
les porcs, etc. Pour les porcs, il est absolument interdit de
les garder, mais pour le vin, si on le laisse tourner au vinai-
gre, cela est *halâl*, c'est-à-dire, licite. Comme on ne doit
après la victoire ni renverser les bâtimens des Infidèles, ni
arracher les arbres, cela n'étant même permis avant que l'en-

nemi soit vaincu, qu'autant que l'emploi de pareilles rigueurs rend le triomphe plus facile, de même il n'est pas permis de tuer les bêtes de somme : mais il en est autrement des chevaux de guerre, si l'on peut par ce moyen jouir du fruit de la victoire. Si l'Évangile ou le Pentateuque tombent entre les mains des Musulmans, il ne leur est pas permis de conserver ces livres, à moins que toutes les pages n'en soient maculées d'encre, ou s'ils sont écrits sur parchemin, que toutes les feuilles n'en soient lavées jusqu'à ce qu'il ne paraisse pas une seule lettre; mais il est absolument interdit de les brûler, parce que les noms de Dieu y sont inscrits. Quant aux livres dont les Musulmans peuvent retirer quelque utilité, comme les livres de médecine, de mathématiques, d'histoire, de philologie et de poésie, il est permis de les conserver.

Tous les objets qu'un Musulman a trouvés ou enlevés à un Infidèle, font partie du butin. Mais si l'on soupçonne qu'ils appartiennent à quelque Musulman établi sur le territoire des Infidèles ou se trouvant dans leur camp, on doit avant d'en faire le partage publier que tels objets ont été trouvés dans tel lieu, et si dans le cours d'une année entière aucun Musulman ne les réclame, ils sont considérés comme butin.

Tout ce qu'un *harbi* perd sur le territoire mahométan devient la propriété des Musulmans qui l'ont trouvé. Il en est de même d'une femme lorsqu'elle met le pied sur les terres musulmanes; si un homme en âge de puberté y vient et y est pris, il est aussi regardé comme butin.

Les enfans en bas âge, les femmes et leur fruit, si elles sont enceintes, appartiennent à ceux qui ont combattu, de manière cependant que le *cinquième* en soit toujours prélevé.

Tous les biens immobiliers appartiennent aux vainqueurs, déduction préalablement faite du *cinquième*; mais le Prince peut à son choix ou prendre le cinquième des immeubles eux-mêmes, ou se réserver seulement le cinquième des fruits. Dès que le *cinquième* est prélevé, il appartient au Prince ou à son lieutenant et le revenu doit en être employé à des dépenses d'utilité publique, comme à fortifier les frontières, à construire des ponts, à payer le salaire des fonctionnaires, des juges, des employés des mosquées qui appellent chaque jour du haut des minarets les fidèles à la prière, etc. Il n'est pas permis de vendre ou de donner les biens provenant de cette source, ni même de changer leur destination.

Lorsque les terres dont les Musulmans se sont emparés par droit de conquête sont incultes et désertes, ou bien lorsque des terres sont tombées au pouvoir des Musulmans sans combat, elles appartiennent au Prince seul et les soldats n'y ont aucun droit. De même aussi les terres conquises par les soldats, sans l'ordre du Prince appartiennent à celui-ci. S'il y a un Prince, personne ne peut cultiver ces terres incultes dont nous venons de parler que de son agrément, et si non-obstant l'interdiction, on les cultive, on doit payer un certain prix de location. Si au contraire il n'y a pas de Prince, celui qui met ces terres en valeur en devient propriétaire.

Lorsque des terres ou toute une province tombent sous la domination des Musulmans en conséquence d'un traité, le propriétaire infidèle, ne perd pas son droit de propriété, pourvu qu'il exécute les conditions du traité, et il conserve le droit de transmettre à titre gratuit ou onéreux, quand cela a été expressément stipulé. Mais lorsque les Infidèles ont cédé la propriété de ces terres ou de cette province aux Mu-sulmans, se réservant seulement la faculté d'y demeurer, en payant chaque année un certain tribut (le *djizia*), le pays est considéré comme pays conquis; dès lors tous les terrains cultivés et habités appartiennent aux Musulmans et les terrains incultes et déserts, au Prince.

Quelquefois aussi les terres conquises par les Musulmans sont frappées d'un cens déterminé, payable annuellement soit en argent, soit en nature et que l'on appelle *kharadj* : ainsi un *djérib* de terre, c'est-à-dire, un champ de la conte-nance de soixante coudées tant en longueur qu'en largeur, (chaque coudée ayant huit palmes) lequel est ensemencé en orge, paie un impôt annuel de deux *dirhem* d'argent, le *dirhem* étant égal au poids de soixante-douze grains d'orge. Le même champ ensemencé en blé, est imposé à quatre *dishem*; planté en cannes à sucre ou en arbres de toute es-pèce, excepté toutefois les oliviers et les palmiers à six *dirhem*; en oliviers à douze ou seulement selon quelques auteurs à dix *dirhem*. C'est d'après cette sorte de tarif que l'on perçoit depuis très-long-tems un cens sur certaines terres conquises situées au bord de l'Euphrate et appelées *siwád iráki*. Si celui qui paye le *kharadj* embrasse l'Islamisme, il cesse d'être assu-jéti au cens, devient propriétaire de son fonds de terre et ne doit plus rien autre chose que la dîme des fruits.

Celui qui met en culture des terres en friche et abandon-nées, en devient propriétaire; mais si ces terres ont un maître certain et connu, il est obligé de payer un prix de location.

Si un Musulman a pris à bail la maison d'un *harbi* et qu'ensuite le pays tombe en la possession des Musulmans par suite de la conquête, ce Musulman n'en reste pas moins en jouissance de la maison qu'il a louée, quoique cette maison soit devenue la propriété des Musulmans.

C'est le Prince ou son lieutenant qui fait le partage du butin, après la distraction des dépouilles au profit des ayant-droit. On prélève d'abord sur la masse et avant tout partage, les frais du transport et le salaire tant des hommes employés à ce transport, que de ceux qui ont pris soin des bêtes de somme et du reste du butin; ensuite le *nafl*, c'est-à-dire, les dons extraordinaires destinés aux guerriers qui se sont distingués par des actions d'éclat, soit dans le combat, soit dans l'attaque des retranchemens ennemis, soit dans d'autres occasions, à ceux aussi qui ont été placés dans des postes dangereux, qui les premiers, ont escaladé les murs d'une place, ou découvert un accès facile pour s'en rendre maître. Il faut, cependant, observer que ces récompenses ne sont pas toujours prises sur la masse du butin, propriété commune de tous les combattans, mais quelquefois aussi sur le *cinquième* dont nous avons déjà parlé et que le Prince doit employer à des dépenses d'utilité générale. Quelquefois encore le trésor public en fait les frais. Enfin on prélève de plus, sur la masse du butin, les largesses que le Prince distribue à sa volonté aux femmes, aux enfans, aux esclaves et aux Infidèles qui ont suivi l'armée, si toutefois ils ont marché à la guerre par son ordre : c'est ce qu'on appelle le *rezk*. Tel est l'usage chez les Persans, mais les Musulmans de l'Inde en agissent autrement et pensent que le *rezk* ne peut être pris sur le butin qu'après et non avant sa division en cinq parts. Dans la distribution de ces largesses, on a égard au plus ou moins de service rendu. Ainsi celui qui a combattu obtient plus que celui qui n'a point combattu, le cavalier, que le fantassin, la femme qui soigne les blessés, que le valet chargé d'avoir soin des tentes des soldats.

Tous ces prélèvemens faits, le reste du butin est divisé en cinq parts égales dont l'une pour le Prince, c'est-à-dire, pour les besoins publics, et les quatre autres pour les vainqueurs, nom sous lequel on comprend tous ceux qui se sont présentés au combat dans l'intention de combattre, lors même qu'ils n'auraient pas combattu. Ensuite on prend cinq petits morceaux de papier : sur l'un on écrit : *lillahi* (*à Dieu*) ou pour les besoins publics, et sur les quatre autres *lilghanimima* (*aux vainqueurs*) : on les roule; on les renferme dans de petites boules de terre préparées à cet effet, puis ces boules étant sèches et mêlées ensemble, l'on en tire successivement une pour chacune des cinq parts du butin. C'est ainsi que le sort désigne la part affectée aux besoins publics.

Les Musulmans de la secte de Schafeï pensent qu'il faut encore diviser cette cinquième part en cinq autres parts égales affectées à divers usages, conformément au précepte du Koran, surate 8 verset 42, lequel est répété surate 59 verset 7.

« Sachez que du butin que vous aurez fait, le cinquième » appartient à Dieu, à son Apôtre ainsi qu'aux parens de ». celui-ci, aux orphelins, aux pauvres et aux voyageurs. »

La première part doit être employée à élever des forteresses, à mettre les frontières en état de défense, à jeter des ponts sur les rivières, à construire des aqueducs, a fonder des mosquées, des hôpitaux, et d'autres établissemens semblables d'utilité publique. Sur elle se prend aussi, d'un côté, le traitement des Imams, des juges, des docteurs, des savans, et généralement tout ce qu'on donne à ces personnages à quelque titre que ce soit, pour subvenir à leur entretien et soutenir leur dignité; de l'autre, le salaire tant des *moeddins* (ceux qui appellent le peuple à la prière) que des lecteurs de la mosquée; des professeurs, des trésoriers de l'épargne et des employés d'un rang inférieur à celui des juges et des autres fonctionnaires publics.

La deuxième part doit être distribuée aux parens du prophète Mahomet, c'est-à-dire, aux descendans de *Haschem* trisaïeul de Mahomet et selon les Schaféïtes, aux descendans aussi de *Elmothaleb* qui fut frère de ce *Haschem;* et elle doit être distribuée a tous les descendans en général, riches ou pauvres, enfans ou adultes, hommes ou femmes, de telle manière cependant que les hommes reçoivent le double des femmes.

La troisième part est affectée aux pupiles et aux orphelins;

La quatrième, aux pauvres dont le patrimoine est insuffisant pour les nourrir pendant l'année et qui n'ont d'ailleurs aucune ressource ou aucun état pour subvenir à leurs besoins;

La cinquième enfin, aux voyageurs qui se trouvent éloignés de leur pays, lors même qu'ils y posséderaient des biens.

Du vivant de Mahomet, la totalité du butin était distribuée par le Prophète lui-même comme il l'entendait (1); mais

(1) Du moins après que Dieu eût soi-disant révélé à Mahomet la huitième Surate du Koran intitulée : *le butin* et qui commence ainsi: « Ils t'interrogeront relativement au butin, réponds-leur : le partage » du butin appartient à Dieu et à son apôtre ». Ce furent dit-on les contestations qui s'élevèrent au sujet du butin fait au combat de Bedr qui donnèrent occasion à cette Surate. *El Beidawi* rapporte que Saad ebn abi Wakkâs un des compagnons de Mahomet dont le

après sa mort quatre parts furent attribuées aux combattans
dans la guerre sainte et la cinquième, de même que les biens
laissés par Mahomet appartint à la communauté des Musulmans, c'est-à-dire dût être affectée à des dépenses d'utilité
générale.

Il est bien, quoique cela pourtant ne soit pas obligatoire
que le Prince fasse dresser un état des personnes entretenues
sur le produit du butin et que dans chaque tribu il choisisse
un *Arik*, c'est-à-dire, un homme connaissant les individus qui
la composent, lequel convoquera les ayant-droit et remettra
à chacun la somme qui lui sera destinée. De même il est
bien, quoique cela ne soit pas non plus obligatoire, que
dans cet état des personnes ainsi que dans la distribution à
faire, on donne entre les diverses tribus, le premier rang à la
tribu de *Koreisch* à laquelle appartenait Mahomet. Ceux qui
composent cette tribu sont les descendans de *Nadhr*, fils de
Kinána, fils de *Khozeima*, fils de *Modrika*, fils de *Elyás*,
fils de *Modhar*, fils de *Bezár*, fils de *Maad*, fils de *Adnán*
lequel fut le neuvième descendant du patriarche Ismaël. Mais
dans cette tribu même, on préfère ceux qui tiennent le plus
près par les liens du sang au prophète Mahomet : or celui-ci
était fils de *Abd-Allah*, fils de *Abd el-Mothaleb*, fils de
Haschem, fils de *Abd-el-Menaf*, fils de *Kossa*, fils de *Ke-*
láb, fils de *Morrah*, fils de *Kaab*, fils de *Louheïa*, fils de
Gháleb, fils de *Fehr*, fils de *Malek*, fils de *Nadhr* mentionné
ci-dessus.

On place donc en première ligne les descendans de *Has-*
chem et de *Abd-el-Mothaleb* : viennent ensuite successivement les descendans de *Abd el-Schems*, frère germain de
Haschem et les descendans de *Naufel* autre frère de *Has-*
chem, mais utérin seulement : puis les descendans de *Abd el-*
Azza et de *Abd-el-Dár*, fils de *Kossa*, en commençant toutefois par les descendans de *Abd el-Azza*, parceque *Khadidja*
femme du prophète Mahomet était fille de *Khoweiled*, fils

frère succomba dans cette action ayant tué de sa main Saïd ebn el
As, prit son glaive et l'apporta à Mahomet en lui demandant la permission de le garder. Mais le Prophète lui répondit qu'il ne lui appartenait pas de le lui donner et il lui ordonna de le déposer avec le
reste du butin. Cette réponse et la perte surtout de son frère indispo-
sèrent grandement Saâd : Mais très peu de temps après, la huitième
Surate fut révélée et Mahomet remit alors à Saâd l'arme qu'il avait
desirée, en lui disant : Tu m'as demandé ce glaive quand je n'avais
pas le pouvoir d'en disposer; maintenant que j'ai reçu de Dieu l'au-
torisation de faire le partage du butin, tu peux le prendre.

de A*zed*, fils de A*bd-el-Azza*. De ceux-là on arrive aux descendans de *Zehr*, fils de *Keldb*, frère de *Kossa* déjà cité; ensuite aux descendans de *Teïm* et de *Makhzoum*, en commençant par les descendans de *Teïm*, parce qu'ils sont parens plus proches de A*boubekr* et de *Aïescha* femme de Mahomet; puis enfin aux descendans de *Djemaa* et de *Sehm* tous deux fils de *Kossa* fils de *Kaab* dont nous avons parlé ci-dessus; aux descendans de A*di* fils de *Kossa*; aux descendans de A*mir* fils de *Louheïa* et aux descendans de *Haritz*, fils de *Fehr*.

C'est ainsi que procèdent les Schaféïtes; mais les Persans n'accordent de privilége qu'aux seuls descendans de *Abd-el-Mothaleb*.

Après les Koréischites en descend aux A*nshár*, c'est-à-dire, les compagnons de Mahomet, ceux qui lui ont prêté secours contre ses ennemis; ensuite à tous les individus de race arabe, et enfin à tous les Musulmans en général.

Dans l'état des personnes dont nous parlons, on ne doit pas comprendre les aveugles, les fous, les femmes, les esclaves et les Infidèles, tous gens inhabiles au métier de la guerre, ou incapables de porter les armes.

Si quelque guerrier était malade ou attaqué de folie et qu'il y eût quelque espérance de voir sa santé se rétablir, il recevrait chaque année ce qui lui revient sur la part dont nous avons parlé plus haut; mais si toute espérance était perdue, son nom ne devrait plus figurer dans l'état général. Neanmoins on subviendrait à ses besoins pendant sa vie et l'on fournirait après sa mort à l'entretien de sa femme, tant qu'elle demeurerait veuve, ainsi qu'à celui de ses enfans, jusqu'à ce qu'ils eussent atteint l'âge de puberté. Que s'il restait quelque chose des quatre cinquièmes du *cinquième* lesquels sont affectés à l'entretien des personnes mentionnées ci-dessus, ce reliquat serait encore partagé entre les mêmes personnes, selon les besoins particuliers de chacune d'elles : toutefois on pourrait l'employer à l'achat d'armes ou à toute autre dépense d'utilité publique. Tout ce qui compose cette portion du butin doit être distribué sans exception et il est interdit au Prince de mettre du retard à en opérer le partage, de peur que par quelque une de ces circonstances trop ordinaires à la guerre, les Musulmans ne viennent à se le voir enlever. En cas d'agression hostile et de craintes à concevoir de quelque attaque, tout Musulman est tenu de prêter assistance pour repousser l'ennemi.

Si la distribution étant faite, on trouve encore des choses susceptibles d'être partagées, celui qui croit y avoir des droits

peut en demander la délivrance; mais si l'on ne trouve rien
et que par conséquent il ne puisse rien demander particulièrement, le trésor public est débiteur à son égard.

Si quelqu'un des futurs co-partageants meurt après une
année entière écoulée depuis l'époque où les choses à parta-
ger ont été recueillies, sa quote-part passe à ses héritiers. S'il
meurt avant l'année écoulée, ses héritiers obtiennent une part
proportionnelle au tems que leur auteur a vécu après que ces
choses ont été recueillies : mais s'il meurt avant que rien n'ait
été recueilli, ses héritiers n'ont aucun droit à exercer.

Tout ceci ne concerne que les choses mobilières; quant
aux immeubles tels que les terres et les maisons, ils deviennent
wakf, sont convertis à des usages pieux et leur revenu est
distribué une fois par an, suivant le mode que nous avons in-
diqué, ou bien encore ils sont vendus et la rente condition de
la vente est partagée de la même manière.

Les quatre autres parts du butin sont partagées entre les vainqueurs, nom qui comprend tous ceux qui ont pris les armes dans
l'intention de combattre pour la cause de la religion, lors
même qu'ils n'auraient pas combattu. Cependant il faut qu'ils
aient été présens à l'armée avant la conquête du butin, autrement ils n'y auraient aucun droit. Celui qui meurt après le
combat terminé, quoique tout le butin n'ait pas encore été
rassemblé, acquiert un droit au partage, droit transmissible à
ses héritiers; mais s'il succombe dans l'action même, ses héritiers n'ont rien à prétendre. Néanmoins les docteurs persans
soutiennent que les enfans sont habiles à recueillir une part
du chef de leur père, lors même que leur naissance étant
antérieure à l'acquisition du butin, précède cependant le partage, et d'après les mêmes docteurs, ceux qui sont venus se
rallier aux Musulmans après que le butin a été fait, ont
droit aussi à une part, pourvu qu'ils soient arrivés avant le
partage opéré. Les Schaféïtes au contraire, refusent aux enfans
aussi bien qu'aux femmes, aux esclaves et aux Infidèles le droit
de part au butin et sont d'avis qu'il suffit de les gratifier d'un
don de moindre valeur appelé *rezk*. On trouve pourtant des
docteurs qui pensent que lorsque les esclaves ont marché à la
guerre du consentement de leurs maîtres, ils ont droit à une
part virile, et d'autres émettent l'opinion que si un esclave a
combattu avec le cheval de son maître, il doit remettre à ce
maître la plus grande partie de ce qu'il a reçu lui-même.

Les marchands, les ouvriers, les cordonniers, les tailleurs,
les valets et en général tous ceux qui marchent à la suite de
l'armée, reçoivent une part de butin s'ils ont combattu. Il en

est de même de ceux qui prennent soin des bêtes de somme : outre leur salaire convenu, ils ont droit à une part de butin quand ils ont eu occasion de combattre.

Si le Prince sans sortir lui-même du territoire musulman, ordonnait à un détachement de quatre cents hommes ou au-dessus, d'entreprendre une expédition et que ce détachement fit du butin, ni le Prince, ni le reste de l'armée n'y auraient aucun droit ; mais si le Prince était en personne à la tête des troupes sur le territoire ennemi, et qu'il envoyât quelque part un détachement de cette force, et le Prince et toute l'armée participeraient au partage du butin conquis.

Si le Prince, sans quitter sa capitale, envoyait deux corps de troupes dans des directions différentes sur le territoire ennemi, l'un de ces corps n'aurait aucun droit au butin que l'autre aurait fait.

Dans le partage entre les vainqueurs des quatre cinquièmes du butin, les fantassins reçoivent ordinairement une part et les cavaliers deux parts. Cependant les Schaféïtes assignent trois parts au cavalier et une seule part au fantassin, et les Persans accordent trois parts à celui qui a deux chevaux, mais rien de plus quand on en aurait cinquante. Tous ceux qui ont amené un cheval à la guerre, bien qu'ils le fissent monter par un autre, ont droit à une double ou triple part, et ils sont inscrits parmi les cavaliers, quoiqu'ils n'aient pas voulu ou qu'ils n'aient pas pu combattre à cheval, comme, par exemple, s'ils s'étaient battus dans un combat naval.

Ceux qui montent des chameaux, des mules ou des éléphans ne reçoivent qu'une part comme les fantassins, le cheval ayant seul la prérogative de faire obtenir double ou triple part à son cavalier ; mais comme il est juste d'accorder aux Combattans qui ont amené à l'armée de pareils animaux une récompense en raison du service qu'ils ont rendu, quelques docteurs pensent qu'on leur doit le *rezk*, c'est-à-dire un don extraordinaire.

Il est bien, quoique cela ne soit pas absolument nécessaire, que le butin soit distribué sans retard ni délai, sur le territoire même des ennemis, et il est permis au Prince de se réserver, lors du partage, ce qui lui plaît davantage, comme, par exemple, de belles esclaves, des objets précieux, ou quelques autres choses qui ont appartenu à des Princes ou à des Rois.

Le Prince peut, à sa volonté, non pas faire une paix perpétuelle avec les Infidèles, ce qui est absolument interdit, mais consentir des trèves pour un temps déterminé, s'il juge que l'intérêt public l'exige, ou si les Musulmans sont trop faibles

soit pour vaincre et repousser les ennemis, soit pour les forcer
à embrasser l'Islamisme ou à payer tribut (1); mais s'il y a
quelque espérance fondée de les contraindre à l'une ou à l'autre de ces deux choses, il ne peut conclure que des trèves de
quatre mois, ou d'une année selon quelques docteurs, ou de
dix ans selon d'autres. Il y en a même qui pensent que la du-
rée de la trève ne se règle que d'après la volonté du Prince.

Si d'ans la convention de la trève ou de la paix, ainsi que
s'expriment les Musulmans (et, en effet, ces trèves qu'ils concluent sont des espèces de paix limitées à un certain laps de
temps), il existe des conditions illicites, comme, par exemple, que les Musulmans ne pourront exiger la remise de leurs
biens et de leurs prisonniers; que les Chrétiens habitant ou
devant habiter à l'avenir le territoire musulman, paieront un
tribut de moins d'un *dinâr;* qu'ils seront libres de boire du
vin et de manger de la chair de porc; qu'ils pourront demeurer et s'établir dans la province de l'Arabie appelée le *hedjaz,*
ou, enfin, entrer et mettre le pied sur le territoire de la Mecque, cette convention est regardée comme nulle. Ainsi, lorsque les Sultans turcs accordent aux marchands chrétiens la
liberté de voyager et de commercer dans toute l'étendue de
leur Empire, comme fit le sultan Ahmed, fils de Mahomet,
par le traité de paix conclu avec Henri IV, roi de France en
1604, le territoire de la Mecque est toujours tacitement excepté. Toutefois l'on peut dire que la Mecque, où commande
un *schérif,* ne fait pas proprement partie de l'Empire turc;
car ce schérif a pleine autorité, et le Sultan ne prend pas le
titre de *souverain* de la Mecque et Médine, mais de *protec-
teur* de ces deux villes.

Certains docteurs permettent de donner quelque chose pour
obtenir la paix, si l'on ne peut l'obtenir autrement; mais l'o-
pinion commune est que l'on ne doit rien donner. Néanmoins
il est permis de racheter les captifs musulmans lorsque les ennemis les traitent avec trop de rigueur, et même de s'engager
à payer une certaine somme pour obtenir un libre passage,
lorsqu'on se trouve tellement assiégé, tellement serré de près
par l'ennemi, qu'il ne reste aucun moyen de se dégager

(1) Telle est la règle, en effet; aussi Mouradgea d'Ohsson, dit-il
fort justement : « Les empereurs de Byzance ne purent jamais obte-
« nir que des armistices de la part des Khalifes et des autres prin-
« ces de l'Asie. Le même principe fut long-tems suivi par les Otho-
mans et il fallut une continuité de revers pour les déterminer à
conclure des traités de paix perpétuelle.
V. Tabl. de l'Emp. othom. T. 5, p. 66.

Le Prince peut conclure la paix pour un laps de temps déterminé, ou en se réservant la faculté de recommencer les hostilités quand il le jugera convenable et licite; mais une pareille condition ne doit pas être accordée aux Infidèles.

La paix une fois conclue, rien ne saurait autoriser le Prince
à la rompre et à reprendre les armes, à moins que l'ennemi
n'eut manifestement enfreint les conditions du traité, ou qu'il
n'eut agi d'une manière hostile envers les Musulmans, soit en
attentant à leur personne, soit en ravageant leurs propriétés
et en pillant leurs biens, soit en proférant des paroles injurieuses
contre Mahomet. Que si quelques individus seulement parmi
les Infidèles, avaient violé la paix, et que leurs compatriotes
ne les en eussent ni empêchés, ni punis, tous seraient censés
coupables de cette violation de la foi jurée; mais si le corps de la
nation envoyait une députation vers les Musulmans, et représ-
sentait que la masse n'a pris aucune part à ce qui est arrivé,
que c'est uniquement le fait de quelques hommes, la paix devrait être maintenue.

Il n'appartient qu'au Prince ou à celui qu'il a chargé de
ses pouvoirs, de conclure la paix, et, dès qu'elle est convenue,
il doit, ainsi que son successeur, en observer les conditions,
protéger la personne et les biens des Infidèles, et rendre,
comme allié, tous les bons offices compatibles avec ce que
prescrit la loi divine, c'est-à-dire le Koran. Si, néanmoins le
Prince soupçonnait que les Infidèles se préparent secrètement
à la guerre, il pourrait, pourvu que le soupçon fût fondé sur
quelque chose de spécieux, déclarer la paix rompue, et com-
mencer lui-même les hostilités.

Maintenant l'on connaît les principales dispositions du droit
des Musulmans relatives à la guerre contre les Chrétiens et les
autres peuples qui ne professent pas l'Islamisme. Extraites pour
la plus grande partie d'un manuscrit oriental tombé par hasard
entre nos mains, nous n'y avons ajouté, comme on s'en ap-
percevra facilement, que fort peu de chose, et seulement ce
qui nous a semblé nécessaire pour mieux éclaircir la matière.

FIN.

TABLE.

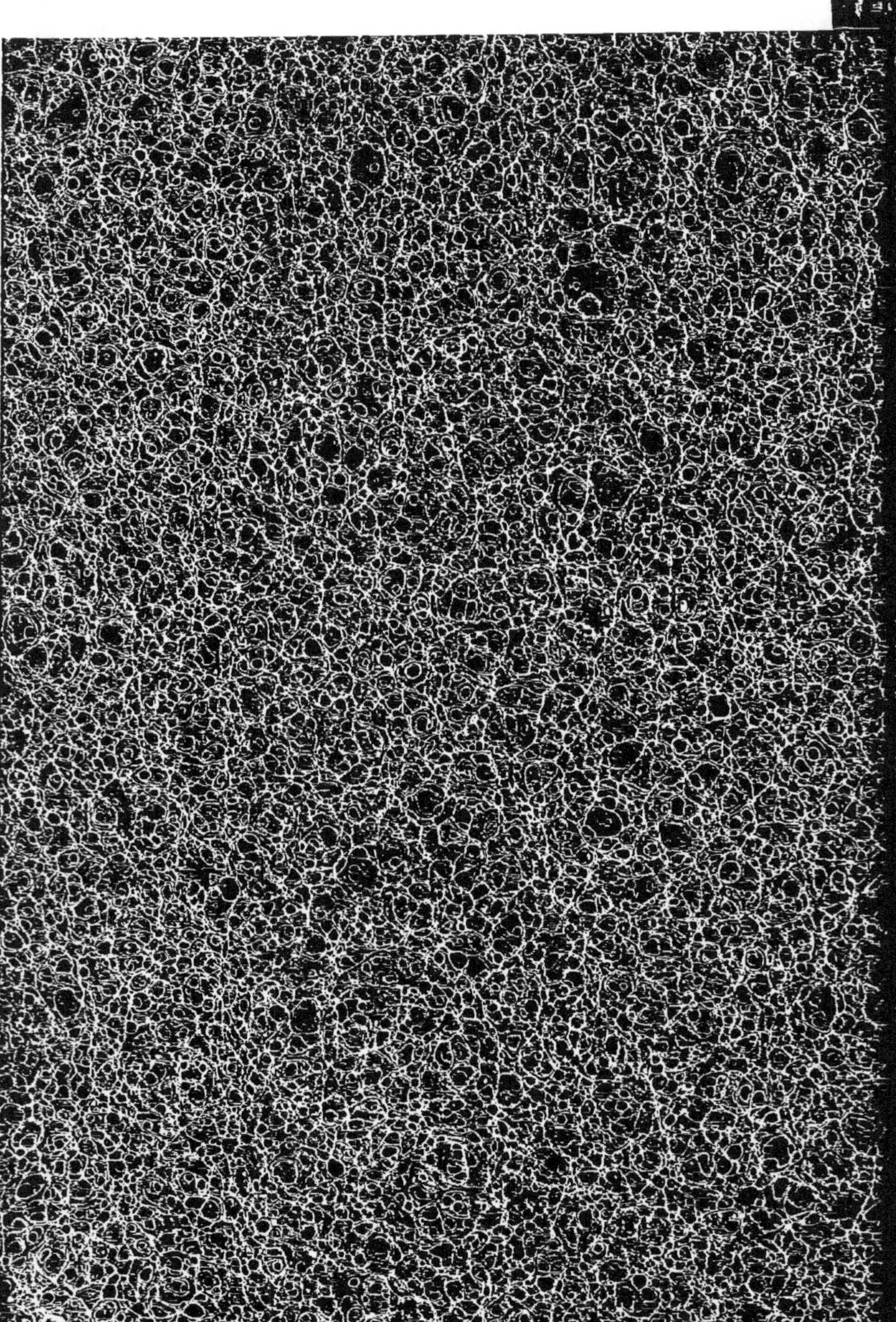

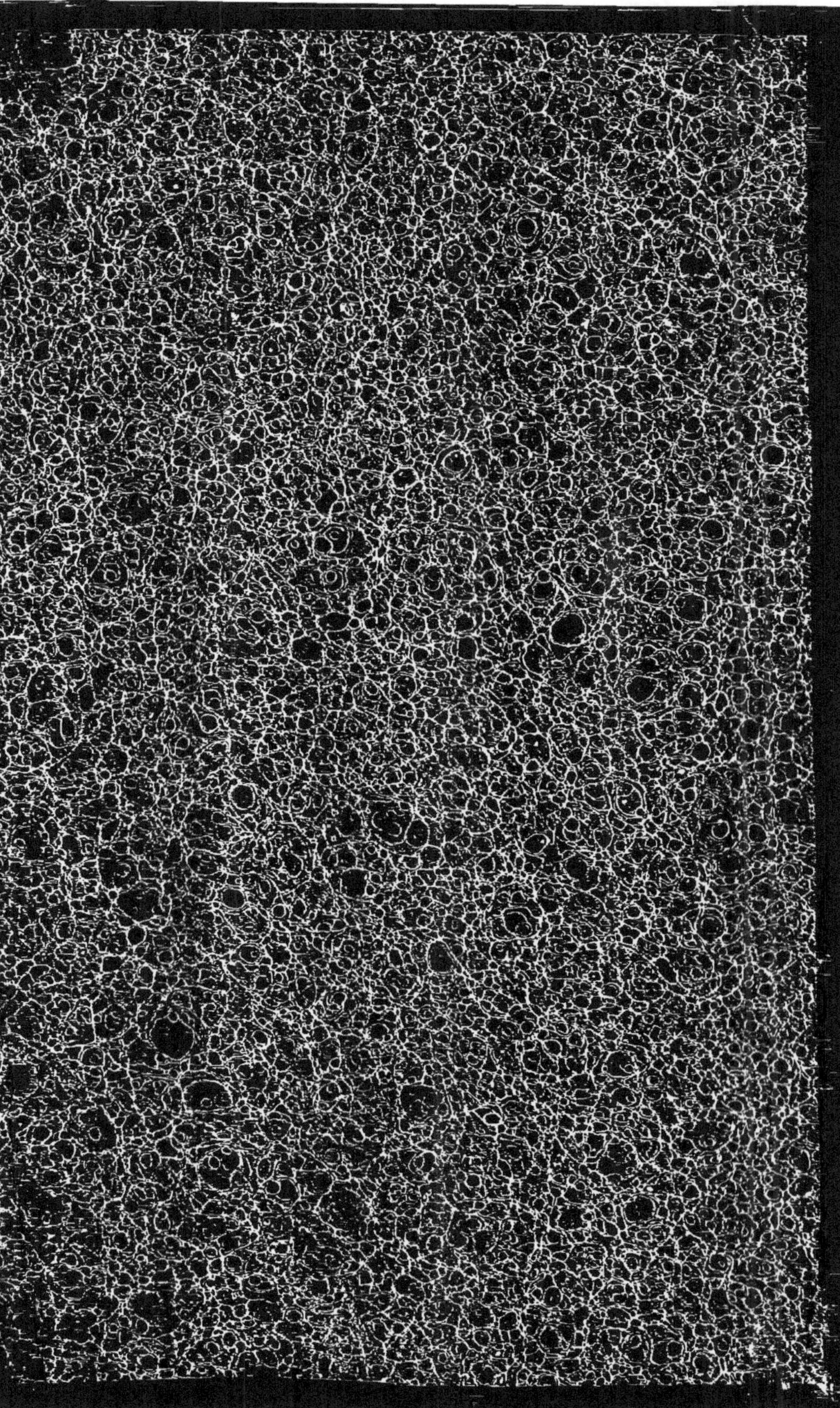